Ava Anticuerpo Explica

Tu Cuerpo y las Vacunas

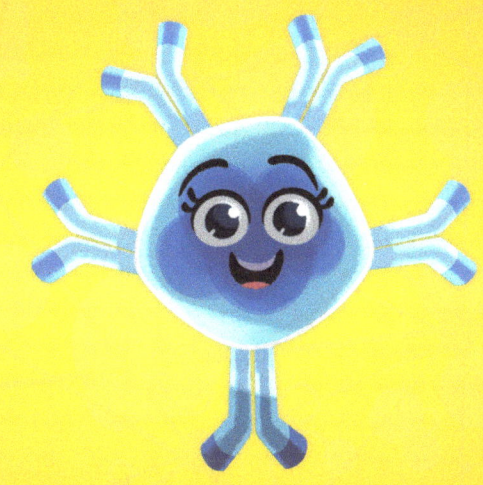

Escrito por Andrea Cudd Alemanni

Ilustrado por Roman Diaz

Ava Anticuerpo Explica

Copyright © 2024 Andrea Cudd Alemanni. Todos los derechos reservados.

Ninguna parte de esta publicación puede ser reproducida, almacenada en un sistema de recuperación o transmitida de cualquier manera por cualquier medio, electrónico, mecánico, fotocopia, grabación u otros sin el permiso previo del autor, excepto lo dispuesto por la ley de derechos de autor de EE.UU. Publicado por Wisdom House Books, Inc

Chapel Hill, Carolina del Norte 27514 EE.UU. • 1.919.883.4669

www.wisdomhousebooks.com

Wisdom House Books se compromete a la excelencia en la industria editorial.

Diseño del libro copyright © 2024 por Wisdom House Books, Inc.

Todos los derechos reservados.

Ilustración de portada e interior por Roman Diaz

Diseño de portada e interior por Ted Ruybal

Publicado en los Estados Unidos de América

ISBN: de tapa dura: 978-1-7334210-1-0

LCCN: 2020907294

JNF051050 | NO FICCIÓN JUVENIL / Ciencia y Naturaleza / Biología

JNF051000 | NO FICCIÓN JUVENIL / Ciencia y Naturaleza / General

HEA050000 | SALUD Y FITNESS / Vacunaciones

Primera Edición en Español

25 24 23 22 21 20 / 10 9 8 7 6 5 4 3 2 1

Descargo de responsabilidad:

Ava Antibody Explains Your Body and Vaccines es una herramienta educativa para niños pequeños, cuyo objetivo es ayudarlos a comprender el propósito de las vacunas. Este libro no reemplaza el consejo médico y, con suerte, puede facilitar la comunicación con sus profesionales de atención médica. Esta traducción ha sido revisada con cuidado y está destinada a llegar a la mayor cantidad posible de lectores de habla hispana.

Este libro está dedicado a

Linda Saunders Cudd:
Mi madre amorosa y talentosa que proporcionó bocetos conceptuales de Ava Anticuerpo hace casi veinte años.

Ashley Alemanni and William Alemanni:
Mis hijos y la inspiración para los personajes del libro, pero más importante, para mi vida.

Mark Grunenwald:
Mi compañero de vida y partidario inquebrantable de mi espíritu emprendedor.

Científicos y médicos que desarrollan vacunas y proporcionan evidencia de su seguridad.
Una parte de las ganancias de este libro se donará a la iniciativa de vacunación contra la polio de Rotary International para niños, End Polio Now. En los últimos 30 años, los rotarios han trabajado incansablemente con organizaciones asociadas, viajando a áreas remotas del mundo para proteger a los niños de este virus paralizante y potencialmente mortal. En este momento, Rotary ha donado más de 1.8 mil millones de dólares estadounidenses para erradicar la polio.

Cuando visitas al médico, puede decirte que necesitas una vacuna. Esto puede asustarte o incluso dolerte un poco.
Puedes preguntarte,

¿Por qué necesito esto?

¡Vamos a averiguarlo juntos!

En primer lugar,
¡necesitas conocer quién es:

Ava Anticuerpo!

Ava te enseñará cómo las vacunas ayudan a mantenerte sano y feliz.

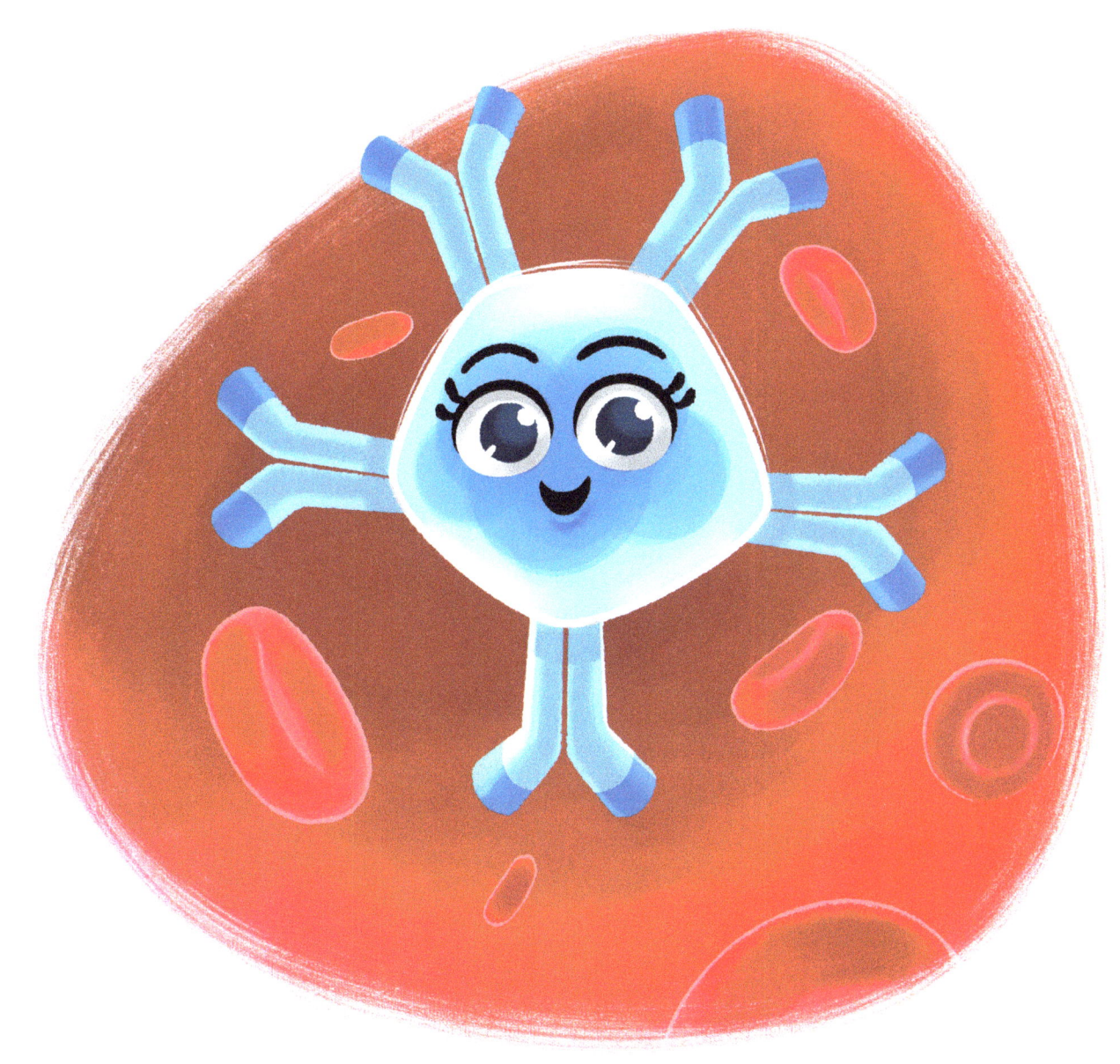

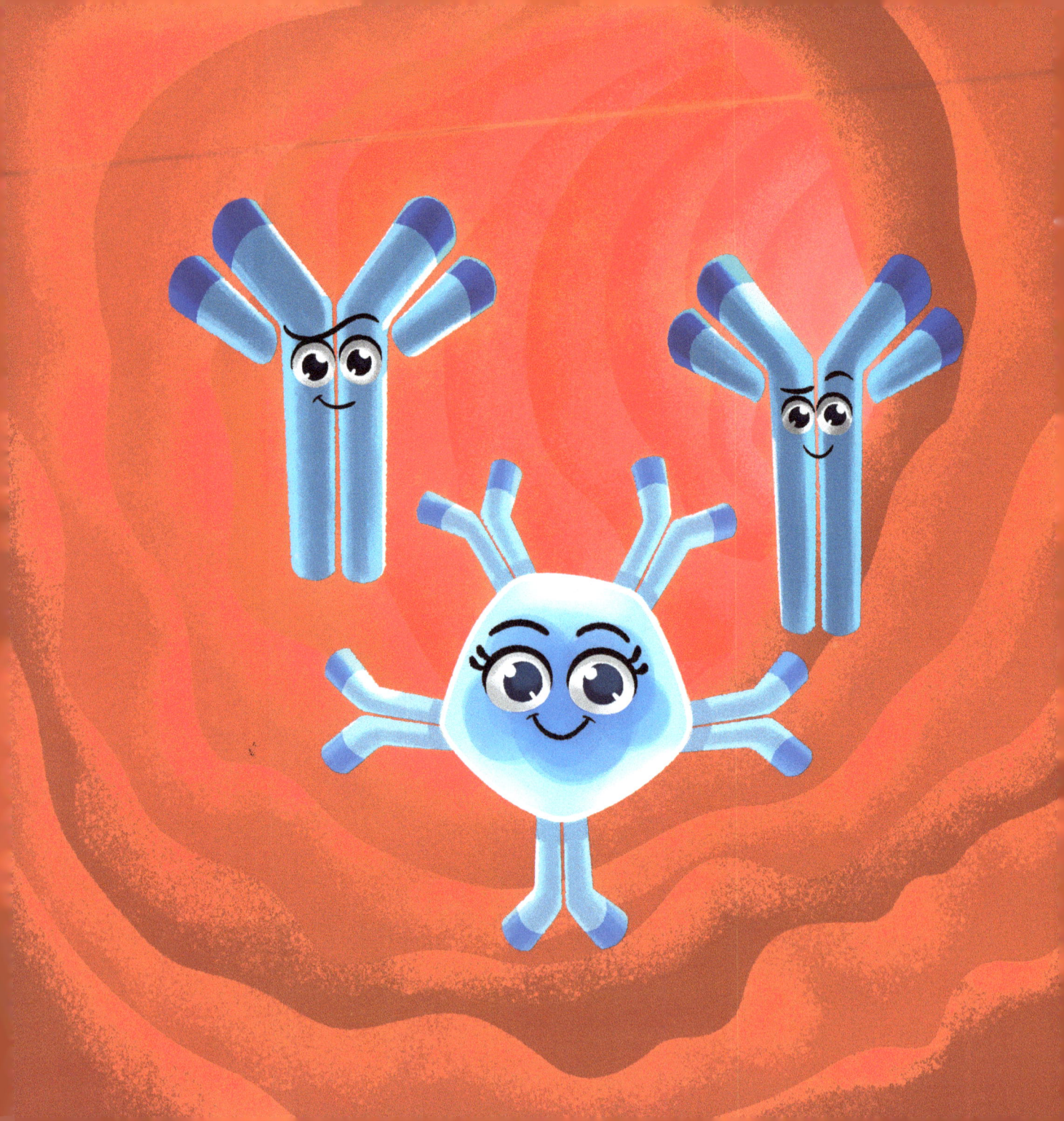

Ava está en un equipo de tu cuerpo llamado el sistema inmunológico. Su trabajo es patrullar tu cuerpo y encontrar cualquier cosa que no debería estar allí.

Su equipo encuentra cosas que puedes ver, como una astilla.

Y también encuentra cosas que no puedes ver, como los gérmenes y los virus, por ejemplo:

Charlie Varicela.

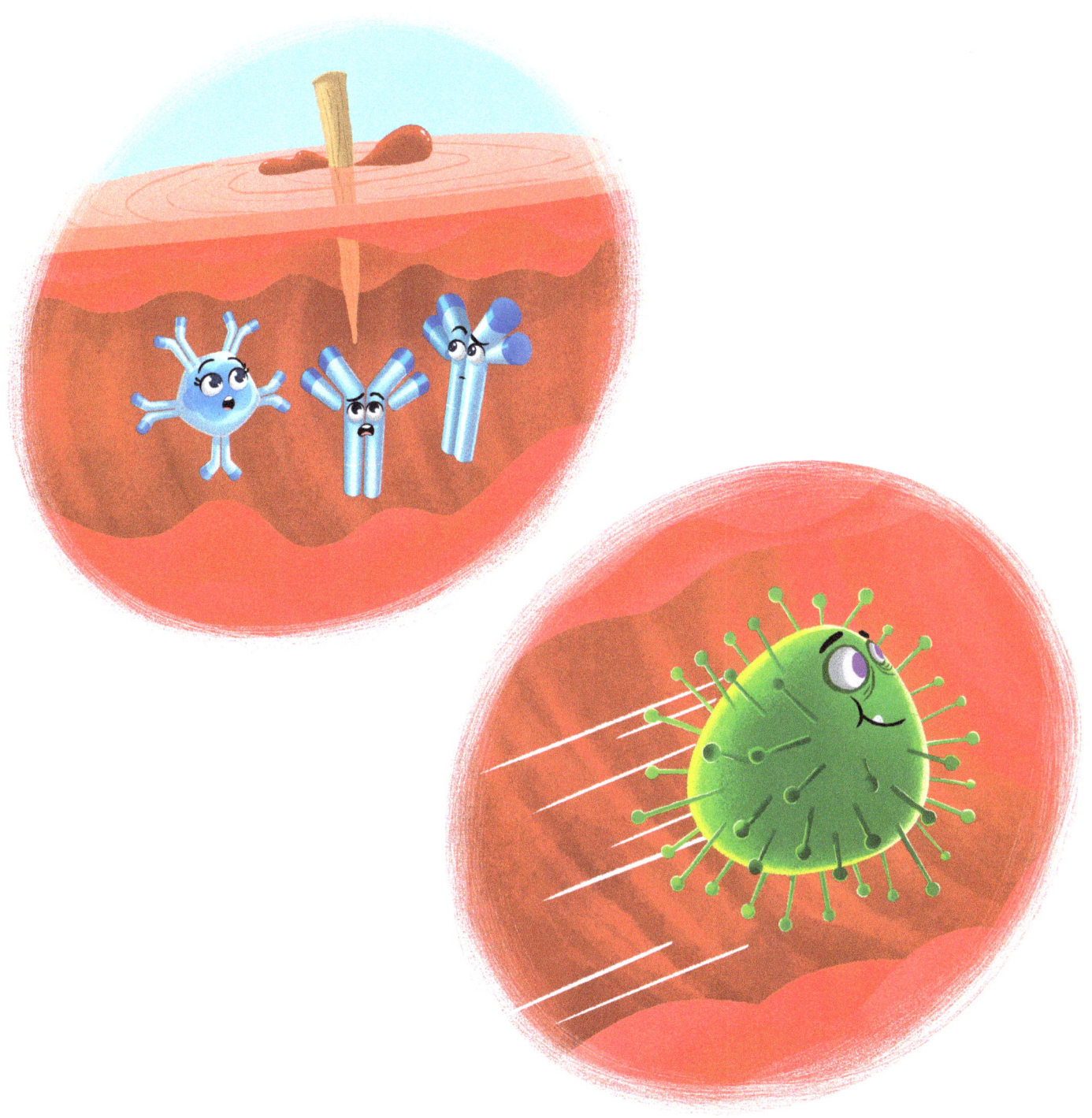

Sin embargo, ¡Charlie Varicela es muy astuto!

Si el sistema inmunológico no sabe cómo se ve, Charlie puede pasar directamente a través de los anticuerpos.

Si Charlie Varicela logra entrar a tu cuerpo, puede enfermarte y causarte manchas rojas que dan picazón.

Cuando el equipo ha identificado a Charlie Varicela, sabe qué buscar y sonará una alarma.

Sí el sistema inmunológico puede detectarlo para deshacerse de él.

Este es Will.
Él nunca ha conocido a Charlie Varicela, por lo que Ava no sabe cómo encontrarlo.

¿Qué crees que pasará ahora?

"Como Ava aún no sabe quién soy, puedo hacer que Will tenga varicela. No obstante, Ava me recordará que sólo tendré una oportunidad para hacer que Will se enferme."

¡Oh! Charlie Varicela se coló a través de Ava, y ahora Will no se siente nada bien, ¿verdad?

Will tiene fiebre y manchas rojas con picazón. ¡Will no podrá ir a la escuela, ni jugar con sus amigos durante varios días!

Al darse cuenta de que Charlie Varicela ha llegado a su equipo, Ava activó la alarma para que el resto de su equipo se deshaga de él.

"¡Ahora que sé qué buscar, Charlie Varicela no podrá colarse por mí nunca más!

¡Podré detectarlo rápidamente y evitar que Will se enferme!"

¡Buenas noticias!

Charlie Varicela no tiene por qué enfermarte. Ava sólo necesita saber qué buscar, y tu médico puede enseñarle con un truco especial: ¡vacunas!

Los médicos te ponen una inyección que contiene una pequeña cantidad de Charlie Varicela. Esta inyección ayuda a Ava a reconocer a Charlie y a alertar si intenta enfermarte.

De esta manera, puede evitar que te enfermes. Otra forma de llamar a esta inyección es "vacuna."

Esta es Ashley. El pasado año, ella se vacunó contra la varicela.

Por ello, aunque Charlie Varicela intentó enfermarla, no tuvo éxito.

¿Por qué no?

Es porque Ava Anticuerpo ya sabe cómo se ve Charlie Varicela, y puede estar atenta a él.

¡Ella y su equipo pueden evitar que Charlie enferme a Ashley!

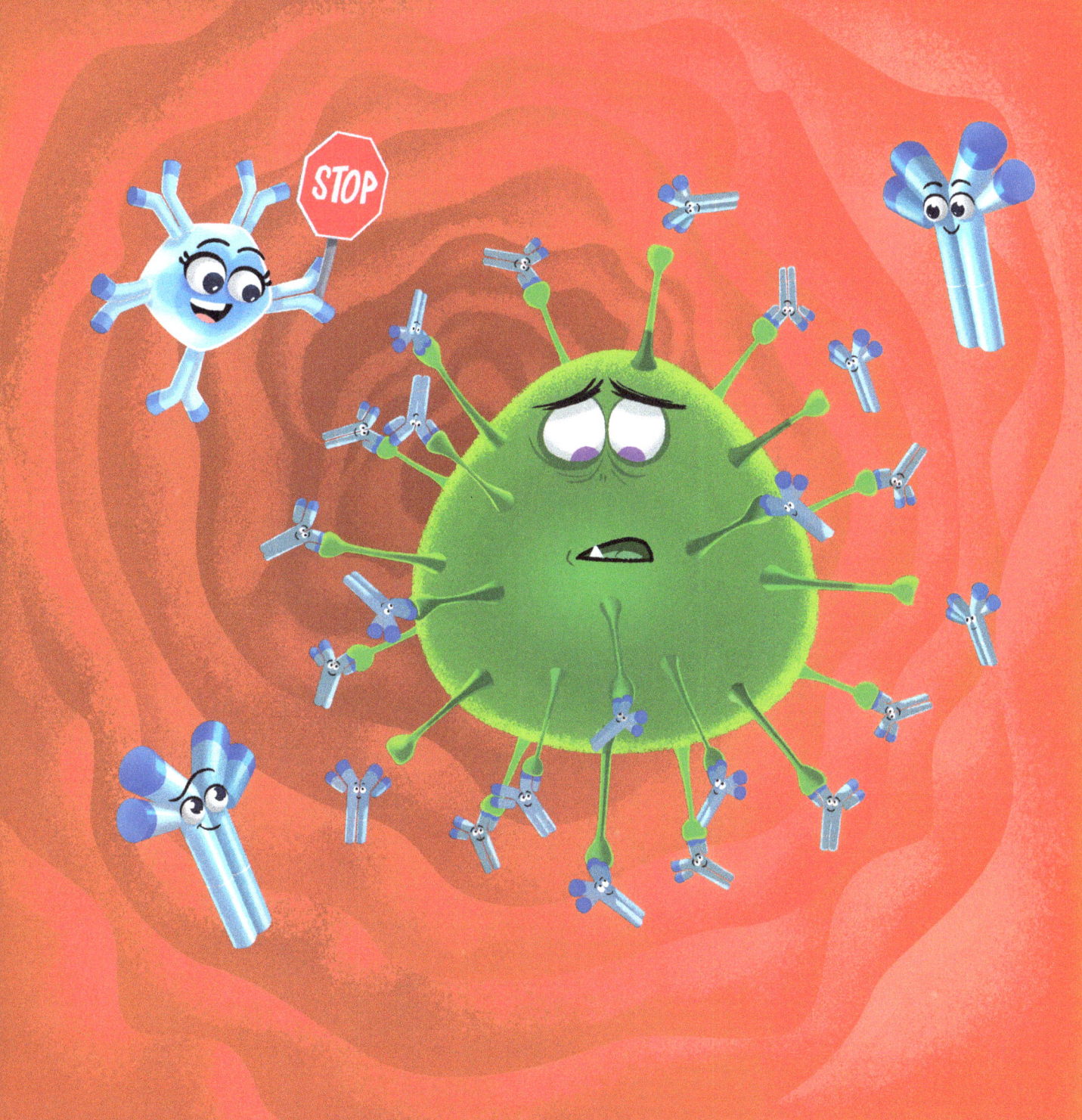

Recibir la vacuna te ayuda a mantener a tus amigos sanos también.

Amara es amiga de Ashley, y su hermano pequeño aún es demasiado joven para recibir la vacuna. Si Ashley se enfermara con Charlie Varicela, ¡él podría propagarse fácilmente al hermano de Amara también!

Ava Anticuerpo está feliz de mantenerte sano;

es su trabajo favorito.

El Sistema Inmunológico
Un Mundo Dentro de Nosotros que Entrenamos con Vacunas

Nuestro sistema inmunológico es una red compleja de respuestas que está activa cada segundo de cada día, incluso sin que seamos conscientes de ello. Cuando funciona correctamente, nuestro cuerpo puede atacar a los invasores extranjeros utilizando múltiples procesos. Sin embargo, con este nivel de complejidad, ofrecer a niños y padres una herramienta educativa sobre los beneficios de las vacunas no es tarea fácil. Este libro aborda la respuesta del sistema inmunológico a las vacunas administradas, manteniéndose lo más preciso y básico posible.

Ava describe el papel de las células B en la iniciación de una respuesta inmunológica cuando se exponen a un virus o vacuna. Una vez activadas por la presencia de un antígeno, las células B producen anticuerpos.

Al igual que Ava, reconocen el antígeno y se unen a su superficie. Esto evita que el virus invada las células sanas y se reproduzca o replique, previniendo así la enfermedad. Una vez que los anticuerpos están presentes, podrías estar expuesto a un virus y mantenerte sano durante meses o años.

La historia del desarrollo de vacunas se ha centrado en un objetivo principal: proporcionar al cuerpo una exposición segura a un patógeno antes de la infección con la enfermedad completamente potente. Sorprendentemente, este concepto se utilizaba para combatir el mortal virus de la viruela antes de que la teoría de los gérmenes fuera probada por Louis Pasteur y Robert Koch en la década de 1860. Las vacunas son más seguras hoy que nunca. Si bien existen riesgos, siempre deben sopesarse frente a los beneficios. Vacunar a tu hijo lo protege a él y a otros que no pueden vacunarse o tienen el sistema inmunológico comprometido.

Sin embargo, incluso con la disponibilidad y el suministro de vacunas, aún ocurren brotes. Estos brotes son generalmente causados por la ruptura de la protección ofrecida por la "inmunidad de grupo." Si un alto porcentaje de la población está vacunada, se puede introducir un antígeno sin muchas enfermedades. Aquellos que están vacunados estarán expuestos, pero replicarán el virus. Solo un pequeño número de personas se enfermará, y el brote será contenido.

No obstante, si una población mayormente no vacunada entra en contacto con el virus, se propagará rápidamente y no habrá "inmunidad de grupo" para proteger a los miembros vulnerables. Como defensor de tu hijo, es tu responsabilidad tomar decisiones informadas y confiar en fuentes confiables. Los Centros para el Control y la Prevención de Enfermedades (CDC, por sus siglas en inglés) tienen videos informativos y materiales sobre vacunas para niños y adultos. La Administración de Alimentos y Medicamentos (FDA, por sus siglas en inglés) describe el proceso por el cual se determina la seguridad de las vacunas. Y por supuesto, los Institutos Nacionales de Salud (NIH, por sus siglas en inglés) y tu proveedor de atención médica pueden asistirte con recursos adicionales e información. ¡Las vacunas son consideradas uno de los avances médicos más importantes de la historia y con buena razón! Las vacunas arman al individuo y a las masas con protección que de otra manera solo se podría ganar sufriendo la enfermedad real.

Para obtener información adicional, recursos y recomendaciones, consulta:

Fundación Bill y Melinda Gates. https://www.gatesfoundation.org/

Centros para el Control y la Prevención de Enfermedades. https://www.cdc.gov/

"Coronavirus, Explained." *Netflix*, 2020.

Administración de Alimentos y Medicamentos de EE.UU. https://www.fda.gov/

Haelle, Tara. *Vaccination Investigation; The History and Science of Vaccines*. Twenty-First Century Books, 2018.

Murin, Charles D., Wilson, Ian A., y Andrew B. Ward. "Antibody Responses to Viral Infections: A Structural Perspective Across Three Different Enveloped Viruses." *Nature Microbiology*, 2019 May; 4(5): 734-747.

National Institutes of Health. https://www.nih.gov/

"Podcasts Q+A de la Clínica Mayo con el Dr. Gregory Poland, un experto en enfermedades infecciosas de la Clínica Mayo." *Mayo Clinic*, 2020.

Offit, Paul. *Bad Advice: Or Why Celebrities, Politicians and Activists Aren't Your Best Source of Health Information*. Columbia University Press, 2018.

Rotary International. *End Polio*. https://www.endpolio.org/

"Vaccine Education Center." *Children's Hospital of Philadelphia*. https://www.chop.edu/centers-programs/vaccine-education-center

SOBRE LA AUTORA

Andrea Cudd Alemanni

Andrea ha vivido toda su vida en Carolina del Norte de toda la vida y posee un título en química de la Universidad Estatal de los Apalaches. De niña, recuerda mezclar polvos y champús para observar cambios de color y consistencia. Andrea es conocida por disecar orugas o corazones de pollo y mantener insectos en el congelador para educar a sus hijos. Siempre ha creído que los adolescentes pueden entender mucho más sobre la ciencia y sus cuerpos si se les proporcionan explicaciones comprensibles.

Ella se enorgullece de trabajar como enlace entre expertos y el público en general que intenta comprender la ciencia. Este nicho, junto con su interés en biología y medicina, preparó a Andrea para convertirse en defensora independiente de los pacientes y fundadora de *Patient Navigation Team*, LLC.

Cuando no está involucrada en la investigación científica, Andrea disfruta del voluntariado, apoyando la educación artística y pasando tiempo con su familia. Reside en Summerfield y tiene dos hijos adultos, Ashley y Will.

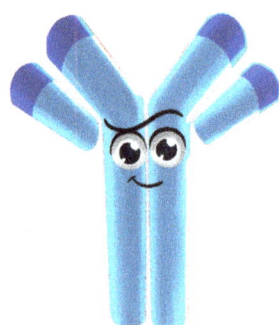

SOBRE EL ILUSTRADOR

Román Díaz

Román es de México, y nació y creció en la ciudad de Toluca. Sus primeros dibujos fueron para trabajos escolares, donde disfrutaba copiando fotos y caricaturas. Años más tarde, se especializó en diseño gráfico y descubrió que la ilustración infantil lo llenaba como artista. Su trabajo está lleno de colores vibrantes y busca evocar respuestas emocionales en sus audiencias. Román es el receptor de varios premios por sus diseños y publicidad en México, incluido el Mejor Juego Móvil en VJMX 2019 por *Ghost Attack*.

Ha trabajado para Nick Jr. creando diseños de personajes para programas infantiles. En su tiempo libre, disfruta viajar por su hermoso país y pasar tiempo con su familia y amigos. Actualmente reside y trabaja en la Ciudad de México.

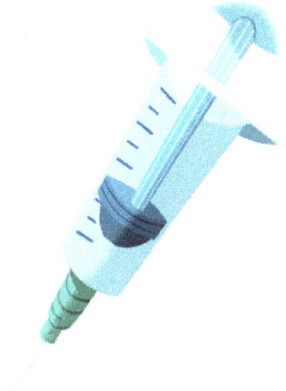

La Historia se Repite

Hemos presenciado en tiempo real los efectos devastadores de una enfermedad para la cual esencialmente no tenemos defensa. Hasta que una vacuna esté disponible, la sociedad debe depender de los mismos principios que salvaron vidas durante la gripe española (1918): cerrar negocios y eliminar reuniones sociales. Esta tragedia nos ha mostrado el hecho indiscutible de que las vacunas salvan vidas y salvan economías de la ruina casi total.

Además, con brotes de enfermedades infantiles prevenibles ocurriendo en todo el mundo, la Organización Mundial de la Salud (OMS) consideró la duda sobre las vacunas como una de las "Diez Amenazas para la Salud Global en 2019." Eso está al mismo nivel que el cambio climático, el VIH y la pandemia de gripe (para la cual NO hay vacuna).

Al considerar de dónde viene esta duda, pensé en mi experiencia al llevar a mis propios hijos al médico para las vacunas. No recuerdo ninguna explicación de los beneficios de la vacuna. Me dieron una hoja de papel, a mi hijo le pincharon en la pierna y me fui con un niño llorando. ¡Escribí este libro para cambiar ese paradigma! Con mi madre, Linda Saunders Cudd, como ilustradora, Ava Anticuerpo cobró vida. Abordo el tema controvertido de las vacunas en el libro inaugural de mi serie de educación en salud para niños: ¿por qué empezar en otro lugar?

Ahora puedes proporcionar a tu hijo una explicación de las vacunas que entenderá. Ava Anticuerpo Explica: Tu Cuerpo y las Vacunas es una valiosa herramienta educativa, que introduce a los niños en el sistema inmunológico y cómo las vacunas ayudan a prevenir enfermedades. ¡Ava incluso explica la inmunidad de grupo! Este libro ofrece una verdadera mirada interna a cómo las vacunas defienden el cuerpo contra enfermedades sin tener que soportar la enfermedad misma.

¡Ava tendrá muchas más aventuras dentro del cuerpo! Siéntete libre de ofrecer sugerencias para más temas en la serie en www.avaantibody.com

www.ingramcontent.com/pod-product-compliance
Lightning Source LLC
Chambersburg PA
CBHW061120170426
43209CB00013B/1618